WÖRTER, DIE ES VERMUTLICH NIE IN DEN DUDEN SCHAFFEN WERDEN

Duden

WÖRTER, DIE ES VERMUTLICH NIE IN DEN DUDEN SCHAFFEN WERDEN

Dudenverlag
Berlin

Die **Duden-Sprachberatung** beantwortet Ihre Fragen zu Rechtschreibung, Zeichensetzung, Grammatik u. Ä. **montags bis freitags zwischen 9:00 und 17:00 Uhr.**
Aus Deutschland: **09001 870098** (1,99 € pro Minute aus dem Festnetz)
Aus Österreich: **0900 844144** (1,80 € pro Minute aus dem Festnetz)
Aus der Schweiz: **0900 383360** (3,13 CHF pro Minute aus dem Festnetz)
Die Tarife für Anrufe aus den Mobilfunknetzen können davon abweichen.
Den kostenlosen Newsletter der Duden-Sprachberatung können Sie unter www.duden.de/newsletter abonnieren.

Bibliografische Information der Deutschen Nationalbibliothek
Die Deutsche Nationalbibliothek verzeichnet diese Publikation in der Deutschen Nationalbibliografie; detaillierte bibliografische Daten sind im Internet über http://dnb.d-nb.de abrufbar.

D C B A
Bibliographisches Institut GmbH, Mecklenburgische Straße 53, 14197 Berlin

Redaktion Iris Glahn

Herstellung Monique Markus-Ullrich, Maike Häßler
Layout und Satz Sigrid Hecker Typografie, Mannheim
Umschlaggestaltung Büroecco, Augsburg
Titelillustration Lucia Götz
Druck und Bindung Offizin Andersen Nexö Leipzig GmbH, Spenglerallee 26–30, 04442 Zwenkau
Printed in Germany

ISBN 978-3-411-71129-1
www.duden.de

Vorwort

Die Dudenredaktion erhält regelmäßig Briefe und E-Mails, in denen die Absender Wörter vorschlagen, die ihrer Meinung nach dringend in den Duden aufgenommen werden sollten. Manche von ihnen finden ihren Weg in das deutsche Wörterbuch, die meisten jedoch nicht. Wieso eigentlich nicht?
Im Eingangsteil des Rechtschreibdudens gibt es einen Abschnitt mit der Überschrift „Auswahl der Stichwörter". – Wieso eigentlich Auswahl? Das muss sein, weil kein Wörterbuch den Wortschatz einer lebenden Sprache vollständig abbilden kann.
Schon auf die Frage, wie man abgrenzen kann, was zum Wortschatz gehört und was nicht, gibt es keine eindeutige Antwort. Kaum jemand wird widersprechen, wenn man das Wort *Katze* zum allgemeinen Wortschatz der deutschen Gegenwartssprache rechnet. Auch bei *Schmusekatze* dürfte niemand Einspruch erheben. Was aber ist mit landschaftlichen Ausdrücken wie *Eichkatze* (= Eichhörnchen) oder fachsprachlichen Bezeichnungen wie *Laufkatze* (= Gerät zur Beförderung von Lasten)? In größeren Wörterbüchern findet man solche Einträge noch, aber selbst dort gibt es keine Stichwörter wie *Katzenkratzkrankheit, Katzenbesteuerungsvorhaben* oder *katzenjämmerlich*.

Hier kommen wir nämlich in die Bereiche der rein fachsprachlichen Terminologie sowie der sogenannten Augenblicksbildungen und der sprachspielerischen Wortschöpfungen.
Der Rechtschreibduden hat in seiner aktuellen Auflage insgesamt rund 140 000 Wörter verzeichnet, die nach Einschätzung der Redaktion zum weiteren Allgemeinwortschatz des Deutschen gerechnet werden können. Wenn der Computer aber in den riesigen, sprachwissenschaftlich aufbereiteten Textsammlungen der Dudenredaktion alle dort zu findenden Wörter zählt, kommt er auf rund zehn Millionen. Kein Wunder, dass es einen größeren Wortschatz gibt, der es nicht in den Duden geschafft hat, als umgekehrt.
Ganz schlechte Chancen haben vor allem die Wörter, die sich Menschen ausdenken, um eine von ihnen empfundene Lücke in der deutschen Sprache zu schließen. Denn nur, was sich im Sprachgebrauch bei einer Vielzahl von Menschen bereits durchgesetzt hat, kann in das Wörterbuch aufgenommen werden. Schön, interessant oder originell ist jedoch vieles von dem, was der Rechtschreibduden nicht bringen kann. Das soll nun nicht länger im Verborgenen bleiben und in diesem Buch gezeigt werden. Aber natürlich nur in Auswahl.

Die Dudenredaktion

Akquise

Geschichten aus der Dudenredaktion

Ein Wort, das zahllose Anrufer im Duden vermissen, ist übrigens das Wort „aquirieren" und das dazugehörige Substantiv „Aquisition". Es wird auch ganz sicher den Weg ins Buch nicht schaffen, denn ... es steht schon drin. Man muss nur wissen, wo man zu suchen hat bzw. wie es sich richtig schreibt. Das Verb „akquirieren" (erwerben, anschaffen, Kunden werben) wurde aus dem Lateinischen „acquirere – erwerben" (ursprünglich zusammengesetzt aus ad und quaerere) entlehnt und ist auf diesem Wege zu einem K vor dem Qu gekommen. Dies hat natürlich seine Tücken, denn da selbiges K nicht zu hören ist, sucht manch einer an der falschen Stelle und ist naturgemäß empört, wenn er – eben unter „aquirieren" etc. – „akquirieren" oder die „Akquisition", heute oft auch in der Kurzform „Akquise" verwendet, nicht finden kann. Im Rechtschreibduden, dem Duden 1, wird diesem Problem übrigens schon seit geraumer Zeit, um genau zu sein, seit der 23. Auflage, Rechnung getragen. Dort, wo die „Akquise" in der korrekten Schreibung eigentlich nicht hingehört, wo aber die „Aquise" gesucht wird, findet man einen Hinweis auf die ungewöhnliche Schreibung.

Anrufaufnehmer

Herr Oskar S. aus B.

B[redacted], 20/8/12

An DUDEN-Verlag –

Schon lange ärgere ich mich über den Neologismus ANRUFBEANTWORTER, denn diese technische Einrichtung beantwortet ja keinen Anruf, sondern nimmt ihn nur auf. Unsere Sprache ist doch dem Anspruch der Logik unterworfen.

Richtig sollte die Bezeichnung also lauten: ANRUFAUFNEHMER

Aber ein einmal eingeführtes Wort ist wohl nicht mehr zu eliminieren, wie das "public viewing".

Mit freundlichem Gruß Oskar S.

appsen

Herr Sebastian P. aus M.

Wortvorschlag:
appsen

Beschreibung: Konversation betreiben in einer App, z. B. WhatsApp. Umgangssprachlich für: Ich schreibe dir via App eine Nachricht.

siehe
→ whats appen

Barree
Herr Wolfgang J. aus A.

Wortvorschlag:
Barree

Beschreibung:
Zigtausende von Menschen, vor allem Jugendliche, lernen Gitarre und üben die Barré-Griffe. Es ist deshalb an der Zeit, dieses Wort einzudeutschen – ähnlich wie Pralinee oder Varietee usw. Zumindest sollte man die alternative Schreibweise „Barree“ zulassen.

B

Bettzeit

Frau Lena D. aus S.

Wortvorschlag: Bettzeit

Beschreibung: Begrenzte Zeit, die man täglich im Bett eines Freundes oder einer Freundin verbringt, wobei jegliche sexuelle Tätigkeiten und Intentionen ausgeschlossen sind. Die Dauer der Bettzeit variiert je nach Belieben und wird in der Regel über einen längeren Zeitraum durchgeführt. Besonders beliebt unter jungen Erwachsen, die zusammen in Wohngemeinschaften leben.

Kommentar der Dudenredaktion: Als Neuvorschlag ist das Wort nicht ganz so gut geeignet, weil es gelegentlich schon in anderer Bedeutung verwendet wird: als Zeitpunkt, zu dem z. B. Kinder ins Bett geschickt werden („Bettzeit ist pünktlich um acht Uhr!“). Auch in dieser Lesart kommt es allerdings nicht allzu häufig vor und steht deshalb nicht in den Wörterbüchern.

betummelt
Frau Ute S. aus K.

Wortvorschlag: betummelt

Beschreibung: Vor einigen Jahren prägte mein damals 9-jähriger Neffe diesen Begriff. Ein üblicherweise sehr wenig frequentierter Urlaubsstrand war aufgrund des schönen Wetters und des französischen Nationalfeiertags sehr bevölkert.
Mein konsternierter Neffe fragte: „Warum ist das hier heute so betummelt?"

Seither ist dieses Wort fester Bestandteil des familiären Sprachgebrauchs.

B

bienzeln

Herr Julian D. aus S.

Sehr geehrte Dudenredaktion!

In den letzten 50 Jahren haben der Fernseher und das Fernsehen einen enormen Stellenwert in unserer modernen Mediengesellschaft eingenommen.
Doch weder im Deutschen noch in anderen europäischen Sprachen gibt es ein einfaches und treffendes Verb, das den Vorgang des Fernsehenschauens beschreibt. Das neue Verb „bienzeln“ könnte die Lücke schließen. Es spricht sich leicht und unkompliziert aus, ist mit zwei Silben wesentlich kürzer als „fernsehen“ oder „Fernsehen schauen“ und passt sich dem Bedürfnis der Bevölkerung an, einfache und prägnante Ausdrücke für alltägliche Dinge zu verwenden.

Denken Sie darüber nach.

Grüße, D.

Brony

Herr Dominik K. aus H.

Wortvorschlag: Brony

Beschreibung: Als Brony bezeichnet man eine zumeist männliche Person, die ein Fan der Fernsehserie „My little Pony – Friendship ist Magic“ ist.

Das Wort Brony wird aus den beiden englischen Wörtern Brother und Pony gebildet.

B

bumser de mère

Herr Julian R. aus H.

Sehr geehrte Damen und Herren,

hiermit möchte ich Ihnen mitteilen, dass ich, ein anerkannter Wissenschaftler, ein neues französisches Wort entdeckt habe, jenes lautet „bumser de mère“, was bedeutet: ein Mann, der mit einer Mutter eines anderen Jungen Geschlechtsverkehr hat.
Ich hoffe, Sie können dieses Wort in das neu aufgelegte Wörterbuch des Dudens aufnehmen.

Mit freundlichen Grüßen
Julian R.

Antwort der Dudenredaktion:

Sehr geehrter Herr R.,

herzlichen Dank für Ihren Wortvorschlag! Französische Begriffe nehmen wir allerdings nicht in den Duden auf, nur deutsche.

Freundliche Grüße sendet Ihnen
Ihre Dudenredaktion

Entschuldigung, ich bin leider doch kein anerkannter Wissenschaftler. Ich hoffe, Sie haben trotzdem viel Spaß bei der Neuauflage des Dudens.

Freundliche Grüße
Julian R.

Herr Julian R. antwortet

Carnetarier

Herr Thomas M. aus V.

Wortvorschlag: Carnetarier

Beschreibung: Substantiv, maskulin – jemand, der sich [vorwiegend] von tierischer/fleischlicher Kost ernährt

Clark-Gable-Bart

Herr Julian F. aus H.

Neue Wörter für den Duden:

Clark-Gable-Bart (sehr schmaler und dünner Schnurrbart, mit kleinem Abstand zur Oberlippe, Etymologie: nach Clark Gable)

Dalí-Bart (halbhoher oder schmaler Schnurrbart, direkt über der Oberlippe, mit dünnen, seitlich hochgedrehten oder gerade aufgestellten Enden, Etymologie: nach Salvador Dalí)

Fu-Manchu-Bart (schmaler, nur seitlich ansetzender Bart, dessen lange Haare außen bis unter Kinnhöhe reichen, Etymologie: nach der Romanfigur Dr. Fu Manchu von Sax Rohmer)

Kaiser-Wilhelm-Bart (nach außen gekämmte, seitlich längere Barthaare mit außen hochgezwirbelten Enden)

Menjou-Bärtchen (seitlich schmaler geschnittener, dreiecksähnlicher Bart, Etymologie: nach Adolphe Menjou, 1890–1963)

Kommentar der Dudenredaktion →

C

Kommentar der Dudenredaktion: Nicht alle diese Bartformen hat der Duden bisher vernachlässigt. Das „Menjoubärtchen“, das in unseren Textsammlungen mit Abstand am häufigsten erscheint, ist seit 1973 im Rechtschreibduden verzeichnet.

D

demenziert

Frau Ute E. aus R.

Sehr geehrte Damen und Herren,

eine Wortschöpfung meines Mannes möchte ich Ihnen gerne mitteilen:

„Ich bin noch nicht demenziert.“

Mit freundlichen Grüßen

Ute E.

derwegen

Frau Stefanie S. aus L.

Beschreibung:

Das vorgeschlagene Wort wird viel im südostthüringischen Dialekt verwendet. Meist kommt es in Zusammenhängen vor, wenn etwas unerwartet, aber mit positivem Resultat erfolgt ist.

Beispiele:

Ich bin gestern Abend derwegen früh ins Bett gegangen. Obwohl ich ein schlechtes Gefühl hatte, hab ich derwegen in dem Test eine 1 bekommen.

Aus meiner Sicht gibt es kein Wort, das die genaue Bedeutung von derwegen erfasst und ersetzt, deswegen sollte es – zwar als umgangssprachlich, dialektaler Begriff – ins Wörterbuch aufgenommen werden.

Ich würde mich freuen, wenn das Wort in den Duden und andere Wörterbücher aufgenommen wird oder wenn Sie zumindest weiter forschen und schauen, wie stark es in der Sprachgemeinschaft verbreitet ist.

Liebe Grüße
Stefanie S.

D

Distanzschärfe

Herr Andreas B. aus R.

Wortvorschlag: Distanzschärfe

Beschreibung: Die Distanzschärfe beschreibt das Phänomen, wenn eine Person in weiter Entfernung sehr ansehnlich ist, jedoch bei näherem Herantreten an Ansehnlichkeit verliert.

drittmorgen(s)/drittgestern

Herr Andreas B. aus W.

Wortvorschlag:
drittmorgen(s) & drittgestern usw.

Beschreibung: Da das Konstrukt „vor-vorgestern“ zu aufwendig arrangiert wirkt, nutze ich in meinem Freundes- und Bekanntenkreis das hier eingereichte Wort, um etwas in der näheren Zukunft (drittmorgens) bzw. Vergangenheit (drittgestern) anzusprechen.
In der mündlichen Sprache fehlt dies als zusätzliche Möglichkeit, neben der Nennung eines Datums bzw. Tages, und ist zudem kurz und gut. Ich hoffe, dass Sie meine Ansicht teilen – das braucht die deutsche Sprache in der immer raschlebigeren Welt!

D

Duden

Klasse 8b der M.-W.-Realschule aus E.

Sehr geehrte Damen und Herren der Dudenredaktion,

unsere Klasse hat sich in den letzten Deutschstunden genauer mit dem Rechtschreibduden befasst. Anhand eines Spieles, bei dem unsere Deutschlehrerin unserer Klasse Wörter vorgab, die wir dann möglichst schnell im Duden nachschlagen mussten, lernten wir, mit dem Wörterbuch umzugehen. Das schnellste Team gewann. Dabei fiel uns sehr positiv auf, dass viele relativ neue Wörter aus der Jugendsprache, wie z. B. „dissen“, im Duden bereits zu finden sind.

Eine Mitschülerin kam auf die Idee, das Wort „Duden“ nachzuschlagen. Leider ohne Erfolg, obwohl es doch in vielen Redewendungen und in der Alltagssprache oft Verwendung findet und sozusagen ein „stehender“ Begriff für Rechtschreib-Nachschlagewerke im Allgemeinen ist („Schlag das doch mal im Duden nach!“). Gibt es einen Grund dafür, dass man es dort nicht finden kann?

Auf Ihre Antwort sind wir gespannt und würden uns alle sehr darüber freuen. Vielen Dank im Voraus.

Mit freundlichen Grüßen
Klasse 8b

Kommentar der Dudenredaktion: Bis vor etwa 60 Jahren konnte man Duden im Duden finden, aber der Verlag hat sich dann dafür entschieden, das Wort nicht mehr zu verzeichnen. Und das nicht nur, weil es ja schon außen auf dem Buch steht, sondern weil es zu einer besonderen Gruppe von Wörtern gehört, die wir auch sonst nur in Ausnahmefällen berücksichtigen. Es handelt sich um die sogenannten Produktnamen. Das sind Bezeichnungen, die als Markennamen gesetzlich geschützt sind, wie etwa Adidas oder Milka. Nicht jeder, der Turnschuhe herstellt, darf diese als Adidas-Schuhe verkaufen, nicht jede Schokoladenfabrik darf ihre Produkte Milka nennen, und den Titel Duden dürfen ausschließlich Wörterbücher tragen, die vom Dudenverlag veröffentlicht werden.

D

dummcool

Frau Nadine S. aus O.

Wortvorschlag: dummcool

Beschreibung: Ich empfinde die momentane Entwicklung unserer Kinder und Jugend teilweise als dummcool, d. h., sie möchten cool sein und sind dabei doch so doof, dass sie es nicht einmal merken.
Schieben möchte ich es auch auf die heutigen Ramschfernsehserien, bei denen sie sich das noch abschauen können, den Einfluss von „sozialen" Netzwerken und den dortigen Rede- bzw. Schreibweisen.

durchziehen

Herr Frank M. aus L.

Wortvorschlag: durchziehen

Beschreibung: Durchziehen in der Bedeutung „Geschlechtsverkehr haben" habe ich noch nie gehört, ich vermisse jedoch die Bedeutung: eine Zigarette oder einen Joint durchziehen (= rauchen).

E

eikel

Frau Janine F. aus A.

Wortvorschlag: eikel

Beschreibung: Eikel bedeutet so viel wie einzeln. Wenn man etwas eikel isst, dann isst man zum Beispiel eine Scheibe Wurst oder Käse ohne Brot, was eigentlich dazu gehört.

Enkel(in)vater

Frau Christine F. aus M.

Sehr geehrte Damen und Herren,

wie bezeichnen die Großeltern den Vater ihres Enkelkindes, wenn die Eltern des Enkelkindes nicht verheiratet sind?

Ich schlage vor, die von mir gefundene neue Bezeichnung

Enkel(in)vater

in den nächsten Duden aufzunehmen.

Beispiel: Siegfried hat eine Tochter, die ein Kind von Otto hat. Das junge Paar ist nicht verheiratet. Von wem spricht also Siegfried? Er könnte sagen: Otto ist der Freund oder Lebensgefährte meiner Tochter oder mein "Schwiegerfreund" - Schwiegersohn wird er wohl erst mit der Hochzeit. Aber besser ist m. E. die von mir vorgeschlagene Bezeichnung "Enkel(in)vater".

Mit freundlichen Grüßen

C. F.

F

fram
Herr Anton F. aus B.

Streichung eines Worts in der deutschen Sprache

Sehr geehrte Damen und Herren der Dudenredaktion,

ich möchte Ihnen vorschlagen, das Wort „man" (man hat, man kann) aus dem Wortschatz der deutschen Sprache zu streichen, weil es mir zu „geschlechtsbezogen" erscheint.

Stattdessen schlage ich als Ersatz vor, eines der folgenden Wörter zu übernehmen:

„fram" (hier können sich beide Geschlechter angesprochen fühlen) oder

„jen" (etwas neutraler formuliert) oder

„jam" (hier sind auch beide Geschlechter vorhanden).

Bitte prüfen Sie meinen Vorschlag. Da ja die deutsche Sprache eine lebendige Sprache ist, dürfte sich diese Neuerung auch bald durchsetzen.

Mit freundlichen Grüßen

Anton F.

Fresserling

Mr. Robert L.

Dear Duden – Sorry for the submission in English. I have constructed a new word for inclusion in your esteemed publication. My German girlfriend has a bad habit of snacking between meals and raiding the kitchen cupboards. I propose the following entry: 'Fresserling – ein kleines Tierschen das zwiscen den Schraenke fliegt und den Inhalt nascht'.

I hope you will be able to incorporate this new word into the German language as it may be useful to others in my situation who struggle for the appropriate expression.

MFG, Rob (North Wales, UK)

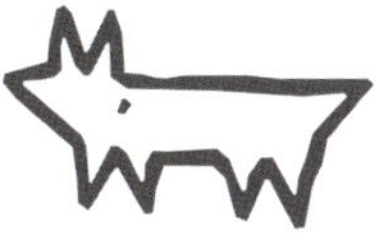

Ganznuss

Geschichten aus der Dudenredaktion

Ein Anrufer möchte wissen, wie die Definitionen von Wörtern im Duden entstehen, er fragt, ob auch Philosophen und Ethnologen mitarbeiten. Es interessiert ihn, ob man beim Duden einen Antrag auf Aufnahme eines Wortes stellen kann. Abschließend bittet er darum, doch einmal über die Aufnahme eines Wortes nachzudenken, das seines Erachtens im Duden fehlt: die „Ganznuss". Wirft man einen Blick in *Duden – Die deutsche Sprache. Wörterbuch in drei Bänden* wird deutlich, dass es nur wenige Substantive mit dem Bestandteil „Ganz-" gibt, „Ganzleinen", „Ganzporträt" und „Ganzton", alles Begriffe, die in ihrem Genre eine spezielle Bedeutung haben. Dem Begriff „Ganznuss" begegnet man im Bereich Süßwaren/Schokolade in der Tat recht häufig. Bei der Herstellung unterschiedlichster Speisen und Backwaren lassen sich Nüsse in vielfältiger Form einsetzen: als gemahlene, gehackte, geröstete oder eben auch ganze Nüsse. Warum nun in die Reihe adjektivischer Charakterisierungen des Nusszustands eine substantivische Verbindung wie „die Ganznuss" treten soll, erschließt sich letztlich nicht. Es bleibt abzuwarten, wie sich „die Ganznuss" in der entsprechenden Branche entwickelt; dass sie Eingang in die Wörterbücher finden wird, scheint eher fraglich.

Gebäum

Frau Anja S. aus Z.

Sehr geehrte Damen und Herren vom Dudenverlag,

hiermit möchte ich Ihre Aufmerksamkeit auf die Wortneuschöpfung „Gebäum“ lenken, das eine Gruppe von zwei oder mehreren Bäumen beschreibt.

Der Hintergrund ist der folgende:
der Busch -> das Gebüsch

Gleichermaßen wurde das Wort „Gebäum“ gebildet:
der Baum -> das Gebäum

Also: „Gebäum, das (Kollektivbildung zu -> Baum), eine Ansammlung von zwei oder mehreren Bäumen“

Mit freundlichen Grüßen
Anja S.

Kommentar der Dudenredaktion: Das schöne Wort ist nur vermeintlich eine Neuschöpfung. Man findet es bereits in einer Reisebeschreibung aus dem Jahre 1849, und das Wörterbuch der Brüder Grimm verzeichnet es in der Form „Gebäume“ in seinem 1878 erschienenen vierten Band. Es ist auch in jüngerer Zeit noch nachweisbar, etwa in einem Artikel der Zeitung *taz* von 1997. Insgesamt wird es heute einfach zu selten gebraucht, um in den Duden aufgenommen zu werden.

Geburtsjahrestag

Herr Heinz H. aus H.N.

Sehr geehrte Damen und Herren,

mein Sohn wurde vor kurzem 60, mein Enkelsohn am gleichen Tage 30. Die angebotenen Glückwunschkarten lauten: „… 60. Geburtstag“ bzw. „… 30. Geburtstag“. Diese Angaben sind falsch, weil der wichtigste, der eigentliche Geburtstag, unberücksichtigt bleibt. Gezählt werden nur die Jahrestage. Deshalb verwende ich in meinem Verwandten- und Bekanntenkreis den Begriff „Geburtsjahrestag“. Der ist im Duden noch nicht vorhanden und sollte deshalb aufgenommen werden. Dieses Problem besteht aber auch bei anderen Jubiläen (Hochzeitstage, Todestage, Gründungstage u. a.). Man sollte dementsprechend die Druckereien solcher Glückwunschkarten bzw. -schreiben auf diese Fehler hinweisen.

Mit freundlichen Grüßen

Heinz H.

Generationskomik

Frau Stephanie K. aus M.

Wortvorschlag: Generationskomik

Beschreibung: Substantiv, feminin – Komik, die durch erheiternde und zum Lachen reizende Situationen entsteht, welche meist nur von einer Generationsgruppe verstanden wird

H

headfuck
Frau Julia M. aus W.

Wortvorschlag: headfuck

Beschreibung: Der Begriff steht umgangssprachlich für eine bewusste Täuschung oder Irreführung des Geistes, aber auch für den Zustand der Geistesverwirrung. Gelegentlich wird damit auch eine Situation beschrieben, die als überwältigend eindrucksvoll wahrgenommen wird.
Als „Headfucker“ bezeichnet man zudem starke Narkotika, die einen Zustand der Geistesverwirrung hervorrufen können, wie z. B. Alkoholika und Drogen.
Als Synonyme gelten in ihrer erweiterten Bedeutung nach auch „mindfuck“ oder „brainfuck“. Der Begriff hat in erster Linie keine sexuelle Bedeutung, wie man irrigerweise annehmen könnte, und wird weitgehend auch nicht so verwendet, sieht man von einigen Schmuddelseiten-Anbietern im Internet ab.

Rückseite →

Leider wird der Begriff immer missbräuchlich – vor allem auf Sexanbieter-Seiten im Internet – verwendet.
Hier wird der Begriff gleichbedeutend mit „Fellatio“ verwendet. Es wäre daher sehr hilfreich, wenn Sie dieses Missverständnis ausräumen könnten und die Deutungshoheit nicht irgendwelchen Schmuddelseiten-Anbietern überlassen würden. Das ist einfach nur ärgerlich!

Vielen Dank und schöne Grüße,
Julia M.

Hebammer

Herr Mario P. aus G.

Sehr geehrter Herr Duden,

da die heutige Zeit extrem auf Gendering und Gleichberechtigung Wert legt, möchte ich hiermit ein mir sehr wichtiges Anliegen vorbringen.

Um uns Männer auch auf eine Ebene mit den bisher klischeehaften Frauenberufen zu heben, möchte ich das Wort „Hebammer“ (männl. für Hebamme) zur Aufnahme in den Duden vorschlagen.

Ich freue mich schon sehr auf Ihre zahlreichen Rückmeldungen. Gerne werde ich Fragen zu diesem Thema beantworten.

Mit freundlichen Grüßen

Mario P.

Kommentar der Dudenredaktion: Die Wortlücke ist erfreulicherweise bereits amtlicherseits geschlossen worden: In Deutschland gibt es seit 1987 den Ausbildungsberuf „Entbindungspfleger“, und in Österreich haben die Behörden entschieden, dass „Hebamme“ die Bezeichnung sowohl für Frauen wie auch für Männer sein soll, die diesen Beruf ausüben. Der Duden hat dazu keine weiteren Fragen.

Herzfreund

Herr Mirko G. aus W.

Wortvorschlag: Herzfreund

Beschreibung: Herzfreund und analog auch Herzfreundin stellt eine präzisere Form des Wortes Freund/Freundin dar. Im Deutschen gibt es keinen Unterschied, wie es ihn z. B. im Englischen gibt mit friend und boyfriend/girlfriend.

Daher mein Vorschlag, um diese Lücke zu füllen. Da bildlich gesprochen die Liebe aus dem Herzen kommt, habe ich dieses auch hergenommen zur Präzisierung des Wortes.

H

hochscheu

Herr Anton Z. aus A.

Sehr geehrte Damen und Herren,

kürzlich empfahl ich meinem fünfjährigen Enkel Tim, bei einem der nächsten Besuche (er wohnt mit seinen Eltern in H.) mit Mama und Papa im Perlachturm hochzusteigen. Dort oben gebe es eine schöne Aussicht auf die Stadt und die Umgebung, bei schönem Wetter sogar bis zu den Alpen. Darauf meinte er: „Ja, aber nicht mit Mama, denn die ist nämlich hochscheu!"

Ich meine, damit hat er sehr treffend die ihm bekannte Höhenangst seiner Mutter bezeichnet.

Es würde mich freuen, wenn Sie den m. E. neuen Begriff in einer Neuauflage Ihrer Wörterbücher aufnehmen würden.

Mit freundlichem Gruß

Anton Z.

ICHDU
Herr Dr. Michael B., Lehrer an der H.-L.-Schule in W.

Sehr geehrter
Herr Dr. Scholze-Stubenrecht,

während der letzten 8 Wochen habe ich den Versuch gestartet, mit hochbegabten Kindern eine Philosophie-AG zu gründen. Die Ergebnisse haben mich ermutigt, dieses Angebot weiterzuverfolgen, da die Ergebnisse überraschend waren. Als Einstieg hatte ich die Fragestellung gewählt „Wer bin ich?“. Seit über zwanzig Jahren bin ich Lehrer an einem Gymnasium und hatte diese Frage immer als Einstiegsfrage für den Philosophie- bzw. Werte-und-Normen-Unterricht gewählt.

Aber was mir die elfjährigen Kinder an Antworten geboten haben, übertraf alle meine Erwartungen. Unter anderem wurde zwei Stunden (!) darüber sehr ernsthaft und tiefgründig gestritten, ob es richtig sei, nur von einem ICH zu sprechen, denn das ICH sei nur möglich durch das DU.

Rückseite →

I

Wenn es DU nicht gäbe (als eine Art des Gegenübers), dann könne es auch kein ICH geben – so in groben Zügen die Diskussionslinie der Kinder. Am Ende wurde der DUDEN zur Hilfe genommen – doch der half den Kindern nicht weiter. Es wurde hin- und herdiskutiert. Schließlich beschlossen die Kinder, der Dudenredaktion zu schreiben. Die Originale lege ich Ihnen bei.

Ich bin als Lehrer von der tiefgründig geführten Diskussion sehr überrascht gewesen und habe mich natürlich sehr über den Eifer der Kinder gefreut. Deshalb habe ich mich auch bereit erklärt, Ihnen die Briefe zu schicken.

Alle Kinder sind natürlich sehr gespannt darauf, wie Ihre Antwort ausfallen wird.

Mit freundlichen Grüßen

Michael B.

Sehr geerte Chefredaktion!

Im Philosophieunterricht haben wir ein neues Wörter endeckt:

ICHDU, DUICH

Bedeutung: Für sich selbst ist jeder ein ICH. Und für einen anderen ein Du. Also ist jeder ein ICH und ein Du deshalb ein ICHDU, DUICH.

Adresse: [redacted]

Wir würden uns sehr freuen wenn diese zwei Wörter im neuen Duden aufgenommen werden.

Mit freundlichen Grüßen

Antwort →
der Dudenredaktion

I

Anwort der Dudenredaktion:

Liebe Schülerinnen und Schüler,

vielen Dank für eure Briefe und die Mitteilung, dass ihr im Philosophieunterricht ein neues Wort (das Ichdu oder Duich) geprägt habt. Die Begründung für dieses Wort ist sehr einleuchtend, aber trotzdem wird es in der nächsten Dudenausgabe – seid bitte nicht enttäuscht – leider nicht zu finden sein. Warum wir es nicht aufnehmen können, möchte ich euch kurz erklären. Die deutsche Sprache hat fast unendliche Möglichkeiten, neue Wörter zu bilden, und das wird auch ständig gemacht. Ich könnte zum Beispiel, wenn ich an eurem Unterricht teilgenommen hätte, sagen, ich hätte „mitphilosophiert". Und ihr hättet mir vielleicht etwas „vorphilosophiert". Eventuell hätten wir alle zusammen ein Problem „wegphilosophiert".

Diese drei Wörter, mitphilosophieren, vorphilosophieren und wegphilosophieren, sind eindeutig völlig richtige Wörter der deutschen Sprache, und dennoch sind sie wahrscheinlich in keinem Wörterbuch zu finden. Ich habe sie mir eben gerade ausgedacht, und zwar für eine bestimmte Gelegenheit, nämlich für die Beantwortung eurer Briefe. Die Sprachwissenschaftler nennen deshalb solche Wörter „Gelegenheitsbildungen".

Weil jeder jeden Tag beliebig viele Wörter dieser Art bilden kann, ist ihre Gesamtzahl riesig. In ein Wörterbuch passen aber nicht so viele Einträge hinein, und das ist einer der Gründe dafür, dass Wörterbücher eine Auswahl treffen müssen. Sie beschränken sich dabei meistens auf die Wörter, die von einer großen Zahl von Menschen tatsächlich immer wieder in den verschiedensten Situationen benutzt werden, die also das genaue Gegenteil von Gelegenheitsbildungen sind. Wer sich ein Wörterbuch kauft, der möchte nämlich das darin finden, was ihm im wirklichen Leben häufig begegnet und was er verstehen und richtig verwenden will.

Nun werdet ihr vielleicht sagen, dass euer Wort aber ein ganz wichtiges ist, das die Menschen doch öfter mal benutzen sollten. Das könnte schon sein, aber davon müssen die anderen Menschen erst einmal überzeugt werden. Und das zu erreichen ist sehr, sehr schwierig, denn wenn es ein Wort bisher nicht im allgemeinen Sprachgebrauch gab, dann hat es möglicherweise bisher niemand wirklich vermisst. Habt ihr euch schon mal gefragt, wann man ein Wort wie Ichdu im täglichen Leben verwenden würde? Was wäre dann ein typischer Satz, in dem das Wort vorkommt? Versteht es irgendjemand, der eure Überlegungen nicht kennt, wenn man ihm sagt, auch er sei ein Ichdu?

I

Viele Menschen glauben, dass Wörter in die Sprache kommen, indem sie in den Duden aufgenommen werden. Aber es funktioniert genau andersherum: Wir in der Dudenredaktion beobachten zunächst einmal, wie die Sprache sich entwickelt, und entscheiden erst auf dieser Grundlage, was im Duden stehen sollte. Wenn sich also in der Zukunft eines Tages feststellen lässt, dass euer Wort Ichdu doch eine große Verbreitung gefunden hat, dann – aber nur dann – wird es auch im Wörterbuch seinen Platz finden.

Außerhalb der Wörterbücher ist dagegen viel Raum für fantasievollen Umgang mit der Sprache, und ihr solltet euch nicht entmutigen lassen, sondern immer wieder versuchen, das, was ihr denkt, mit passenden Wörtern und auch mit neuen Wortbildungen auszudrücken. Was von den neu geschaffenen Ausdrücken sich irgendwann einmal durchsetzt, was von einer Gelegenheitsbildung zum festen Bestandteil der Sprache wird, kann niemand vorhersehen.

Mit freundlichen Grüßen aus der Dudenredaktion

knuscheln
Herr Stefan H. aus S.

Wortvorschlag: knuscheln

Beschreibung: eine Mischung aus kuscheln und schmusen

Kragenbrand
Herr Stefan K. aus W.

Wortvorschlag: Kragenbrand

Beschreibung: Es handelt sich bei Kragenbrand um eine wunde Stelle am Hals von Hemdträgern im Bereich des Hemdkragens aufgrund eines zu engen Kragens oder einer zu intensiven Bewegung des Kopfes. Kragenbrand entsteht häufig im Zuge von Messen.
Eine Ursache könnte ebenfalls die trockene Luft sein.

K

kruschen

Frau Traute H. aus G.

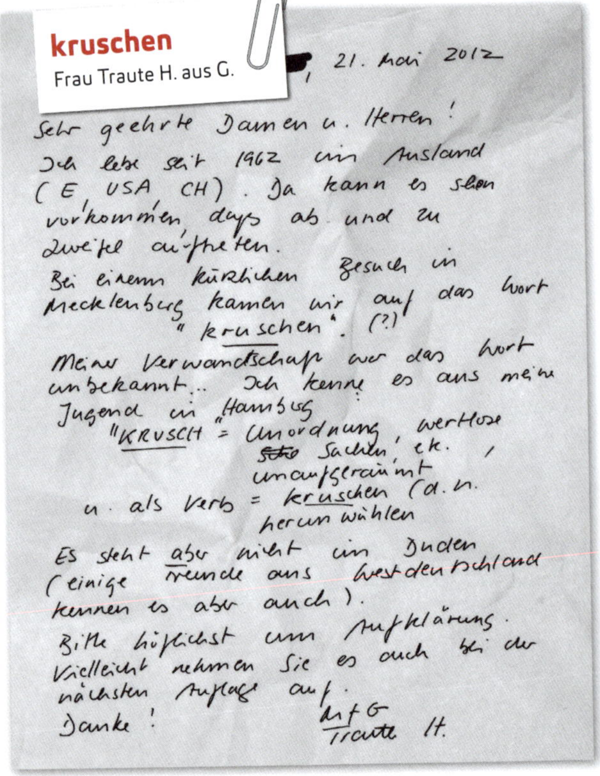

[redacted], 21. Mai 2012

Sehr geehrte Damen u. Herren!

Ich lebe seit 1962 im Ausland (E, USA, CH). Da kann es schon vorkommen, dass ab und zu Zweifel auftreten.

Bei einem kürzlichen Besuch in Mecklenburg kamen wir auf das Wort "kruschen". (?)

Meiner Verwandtschaft war das Wort unbekannt.. Ich kenne es aus meiner Jugend in „Hamburg"

"KRUSCH" = Unordnung, wertlose ~~Sto~~ Sachen, etc., unaufgeräumt

u. als Verb = kruschen (d. h. herum wühlen

Es steht aber nicht im Duden (einige Freunde aus Westdeutschland kennen es aber auch).

Bitte höflichst um Aufklärung.

Vielleicht nehmen Sie es auch bei der nächsten Auflage auf.

Danke!

MfG
Traute H.

Kommentar der Dudenredaktion: Das Wort gehört zu den regional sehr begrenzten Ausdrücken. Ein großes Spezialwörterbuch des Südhessischen kennt das Verb „kruschen" und das Substantiv „Krusch", dazu auch die Nebenformen „kruschten" und „Kruscht".

kuhl

Herr Peter B. aus M.

Sehr geehrte Damen und Herren,

ich schreibe auch geschäftlich sehr viel und nutze Ihre Seite für Geschäftsbriefe, aber auch für private Zwecke. Meiner Meinung nach ist www.duden.de DER Standard der deutschen Rechtschreibung. Jedes Korrekturprogramm, das konträr läuft, ist äh … Schrott.

ABER das wollte ich eigentlich gar nicht schreiben. Ich möchte wissen, ob und wie ich einen Neologismus anmelden kann. Eigentlich ist es gar keine Neuschöpfung, sondern eine Eindeutschung.

Anglizismen sind mir seit jeher ein Dorn im Auge und ich versuche, die Sprache der Dichter und Denker weitgehend davon zu befreien. Das englische Wort „COOL“ beschreibt eine Menge Dinge, für die ansonsten ein Nebensatz notwendig wäre.

Rückseite →

K

Ich schreibe es seit Jahren nach der deutschen Aussprache „KUHL“ und darf feststellen, dass diese Schreibweise von einigen Kameraden und Kollegen übernommen wurde. Was kann ich machen, damit mein tolles Wort eine Chance bekommt, nicht als Rechtschreibfehler diskriminiert zu werden, und einen Weg in das heimische Bettchen der deutschen Sprache findet?

(Nein, ich bin nicht betrunken) :-)

Ach so, und wenn ich schon mal dabei bin: Kann mir mal jemand die Stelle nennen, wo ich die Regelung für Groß-/Kleinschreibung nach einem Doppelpunkt nachlesen kann?

Liebe Grüße

Peter

Kundenwarentrennleiste

Josef F. aus G.

G[redacted], den 09.03.2013

Betreff: Wortvorschlag zur Bezeichnung eines Gegenstandes

Sehr geehrte Damen und Herren

Ich schlage ein Wort vor für einen Gegenstand für den es meines Wissens noch keine Bezeichnung gibt. Es betrifft das Teil das man in den Supermärkten auf das Förderband legt, um damit den eigenen Einkauf gegenüber den Waren anderer Einkäufer abzugrenzen.

Mein Vorschlag das Kompositum: Kundenwarentrennleiste

Sollte das Wort registriert werden, werde ich versuchen ein Kurzwort (vermutlich ein englisches) dafür zu finden.

Mit freundlichen Grüßen

Josef F.

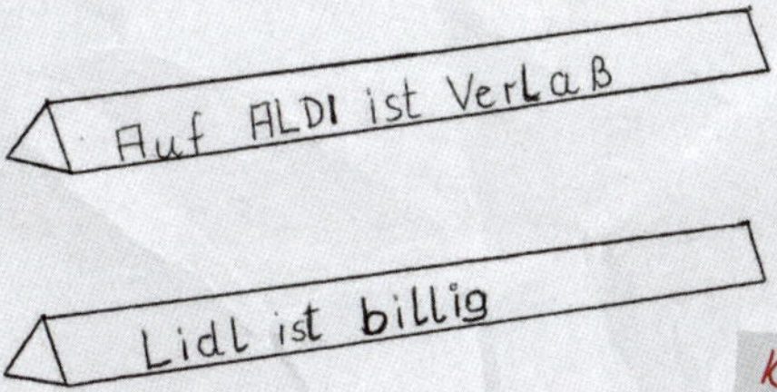

Kommentar → der Dudenredaktion

K

Kommentar der Dudenredaktion: Im Internet hat sich eine längere Liste von Vorschlägen zur Bezeichnung dieses Gegenstandes angesammelt, unter anderem „Kassen-Dings“ und „Kaufprügel“. Zu den auffälligsten gehört „Näkubi“ (als Abkürzung für „Nächster Kunde, bitte“). Mehr oder weniger durchgesetzt haben sich mittlerweile „Trennstab“ und „Warentrenner“, die nun auch beide im Duden zu finden sind.

L

lumamisieren

Herr Wolfgang R. aus B.

Wortvorschlag: lumamisieren

Beschreibung: auf einem Luftbett (große Luftmatratze) schlafen

Lungenbrötchen

Lynn K. aus E.

Sehr geehrte Damen und Herren,

ich stoße in letzter Zeit öfter auf ein mir bisher unbekanntes Wort. Ich habe mich nun eine Zeit damit beschäftigt, ich glaube das ist so ein umgangssprachliches Jugendwort. Obwohl ich selbst erst 17 bin, habe ich keinen Schimmer davon, was das sein soll. Es handelt sich um das Wort „Lungenbrötchen". Das Lungenbrötchen wird umgangssprachlich als „Zigarette" bezeichnet. Darauf gekommen ist man aufgrund des Brötchens beim Frühstück, d.h., die Zigarette „nach dem Aufstehen" ist das so genannte „Lungenbrötchen". Weiß nicht, ob das wirklich nennenswert wäre, aber wenn es hierzu eine „logische" Erklärung gibt, dürfte das doch im Prinzip kein Problem sein, oder?

Liebe Grüße und warte auf Antwort,

Lynn K.

Kommentar der Dudenredaktion: Wie die „Gerstenkaltschale" (= Bier) gehört auch das „Lungenbrötchen" zu den scherzhaften Wortbildungen. Eine bessere Erklärung zur Entstehung als die von Lynn K. kennt auch der Duden nicht. Bisher haben wir keine nennenswerte Verbreitung des Wortes im allgemeinen Sprachgebrauch feststellen können, daher gibt es auch noch keinen entsprechenden Eintrag im Wörterbuch.

L

lupen

Herr Johann P. aus S.

Johann

[redacted]

28.01.2014

An das
Bibliographische Institut
Dudenredaktion
Mecklenburgische Straße 53
14197 Berlin

Betreff: Erfindung eines neuen Wortes

Sehr geehrte Damen und Herren,

die Enkelin Rosemarie [redacted], geb. 04.04.2008, hat für die Tätigkeit „mit einer Lupe betrachten“ das Wort „lupen“ erfunden/gefunden. Dieses Wort vereinfacht die Sprache, da nur noch ein Wort (Verb) verwendet werden muß.

Ich bitte, in der nächsten Auflage des Duden dieses neue Wort einzutragen. Außerdem bitte ich um schriftliche Bestätigung, daß die Eintragung erfolgen wird. Die Enkelin hat bei mir schon wiederholt nachgefragt, ob ich mich schon an Sie gewandt habe.

Mit bestem Dank im voraus
verbleibe ich

mit freundlichen Grüßen

Manschaft

Hannah H. aus N.

Lieber Duden,
ich würde gerne wissen
warum Mannschaf~~ft~~ Mannschaft heißt
es können doch auch Frauen
drin spielen. Und wenschon kömmte
es doch auch mit 1 nem
n geschriben werden

deine Hannah

Antwort der →
Dudenredaktion

19. 11. 2013

Antwort der Dudenredaktion:

Liebe Hannah,

wir freuen uns sehr über Dein Interesse an der deutschen Sprache.

Das Wort *Mannschaft* geht auf das mittelhochdeutsche Wort *manscaft* zurück. Der Ausdruck *man* bedeutete früher „Mensch" oder auch „Gefolgs- und Lehnsleute" im Allgemeinen. Da es sich bei einer *manscaft* aber überwiegend um Männer handelte, hat sich die Bedeutung des Wortes verschoben und heute bezeichnet *Mann* nur „männlicher Mensch". An dem Personalpronomen *man* in Sätzen wie *Man darf im Schwimmbad nicht rennen* kannst Du die umfassende Bedeutung noch sehen.

Dass man *Mann* mit Doppel-*n* schreibt, kann daran liegen, dass man es von dem allgemeinen Personalpronomen *man* im Schriftbild abgrenzen wollte.

Neben dem Ausdruck *Frauenmannschaft* ist heute übrigens selten auch die Bezeichnung *Frauschaft* für eine aus Frauen bestehende Mannschaft zu finden (siehe *Duden – Die deutsche Rechtschreibung*, 2013, S. 433).

Mit herzlichen Grüßen
Dudenredaktion

M

mensch
Geschichten aus der Dudenredaktion

Dass Gegensätze sich – zumindest sprachlich – nicht immer anziehen, zeigt gelegentlich das sprachliche Gender-Mainstreaming. Vor dem Hintergrund der Diskussion um die Gleichstellung von Frauen und Männern in der Sprache wurde der Gebrauch des unbestimmten Pronomens „man" wegen seiner etymologischen Nähe zum Substantiv „Mann" als unangemessen kritisiert. Die neu gebildete Alternative *frau* hat jedoch keine geschlechtsneutrale Funktion gewonnen, sondern wird im Allgemeinen nur (und oft scherzhaft) im Sinne von „die Frauen" verwendet. Dieser Umstand missfiel auch einem Sprachbenutzer, der ein neues Indefinitpronomen kreierte und zur Aufnahme in den Duden vorschlug: **mensch.**

mitangeln

Geschichten aus der Dudenredaktion

Ein Anrufer – es handelt sich zweifelsohne um einen begeisterten Angler – zeigt sich empört, das Wort „mitangeln" nicht im Duden finden zu können. Es erzürnt ihn, dass die Dudenredaktion ein Wort, das im Angelsport offenbar absolut unverzichtbar ist, nicht entsprechend würdigt. Tatsächlich kann man im Grunde eine Vielzahl von Verben durch die Präposition „mit" ergänzen, wobei im Allgemeinen getrennt geschrieben wird, wenn eine vorübergehende Beteiligung zum Ausdruck kommen soll, und man zusammenschreibt, wenn eine dauerhafte Vereinigung oder Beteiligung ausgedrückt wird. Einige dieser letzteren Verben bilden tatsächlich ganz feste, im Sprachgebrauch verankerte Verbindungen und sie sind natürlich auch im Duden zu finden, etwa „mitarbeiten, mitfahren, mitmischen, mitspielen, mittun". Wollte man allerdings das gemeinschaftliche Ausüben einer Sportart durch das entsprechende Verb im Duden verewigen, müssten schon aus Gründen der Fairness neben „mitangeln" letztlich auch „mitgolfen", „mitreiten", „mitboxen", „mitrodeln" und, und, und Aufnahme finden, was den Rahmen des Ganzen zweifellos sprengen würde.

O

offenriechlich

Herr Konstantin O. aus W.

Sehr geehrte Mitarbeiterinnen und Mitarbeiter des Dudenverlages,

ich habe ein Wort geschaffen, welches meiner Meinung nach in der deutschen Sprache fehlt.

Das Wort lautet „offenriechlich“ bzw. „offenhörlich“/ „offenhörbar“ etc.

Zwar gibt es das Wort schon für das Sinnesorgan Sehen, allerdings kann man nicht alle Eindrücke in seiner Umgebung sehen.

Beispielsweise in folgender Situation:

Man betritt ein Haus und riecht, dass („offenriechlich“) Nudeln mit Tomatensoße gekocht werden.

Da ist es meiner Meinung nach nicht angebracht zu sagen: „Es gibt offensichtlich Nudeln mit Tomatensoße!“ Da man es nicht sieht, sondern riecht. Daher wäre der Ausdruck „Es gibt offenriechlich Nudeln mit Tomatensoße!“ im Kontext sinnvoller und richtig.

Ich würde mich sehr über Ihre Rückmeldung freuen.

Mit freundlichen Grüßen

Konstantin O.

P

posimistisch

Herr Konstantin K. aus O.

Sehr geehrte Damen und Herren,

durch einen Zufall sind mir zwei Neologismen eingefallen, die ich Ihnen gerne vorstellen möchte, und ich hoffe, dass es diese noch nicht gibt und sie verstanden werden.

Posimistisch: Die Verknüpfung von „positiv" und „optimistisch" betont noch einmal die Intensität des „Guten". Das neue Wort soll ausdrücken, dass man eine Sache oder Handlung sehr gut findet (positiv) und zum anderen, dass man auch sehr an die verbesserte Entwicklung dieser Sache/Handlung glaubt. (Z. B. sind Sonnenkollektoren posimistisch. Ihr Einsatz trägt positiv zum Umweltschutz bei. Des Weiteren sieht man dem Einsatz optimistisch entgegen, da sich daraus noch sehr viel bessere Kollektoren entwickeln können.)

Pessitiv: Der oben beschriebene Gedanke lässt sich auch ins „schlechte Denken" übertragen. Somit ist jemand mit negativen Gedanken auch pessimistisch gegenüber Sachen eingestellt. Er ist pessitiv.

Da mir diese Begrifflichkeiten durch einen Zufall eingefallen sind und sie vielleicht keine weitere Bedeutung haben, erhoffe ich mir nicht zu viel von diesem Schreiben an Sie. Dennoch würde ich mich über eine kurze Rückmeldung freuen, wie Ihre Meinung dazu ist.

Mit freundlichen Grüßen

Konstantin K.

radfahrig
Herr Eberhard M. aus L.

Wortvorschlag: radfahrig

Beschreibung: Nachdem ich hier feststellen muss, dass das Wort „fußläufig“, das oft in behördlichen Mitteilungen zur Erreichbarkeit innerhalb von Baustellen verwendet wird, tatsächlich auch im Duden steht (statt „zu Fuß“), ist doch nur konsequent, für die Radfahrer das Wort „radfahrig“ in die deutsche Sprache einzuführen.

raumlos

Brit H. und Jan K. aus W.

Posteingang
-5. Juni 2012

· Bibliographisches Institut GmbH
· Dudenstraße 6
· 68167 Mannheim
·

< Liebe Dudenmitarbeiter,

wir freuen uns Ihnen einen Brief schreiben
zu dürfen, in dem wir Sie etwas fragen
wollen. Wir sind hier in der Lerntherapie
Willich und sollten bei einer Aufgabe
Wortbausteine zusammensetzen. Dabei fiel
Brit ein nicht im Duden stehendes Wort
ein.
Das Wort lautet „raumlos".
Wenn man zum Beispiel keinen Klassenraum
hat, ist man „raumlos".
Das zweite Beispiel ist der Weltraum. Er hat
keine Begrenzungswände und ist daher „raumlos".
Daher wollen wir sie höflichst fragen, ob Sie
das Wort „raumlos" in den Duden aufnehmen können.

Liebe Grüße, Ihre Brit und ihr Jan

Restalkohollegasthenie

Herr Pascal W. aus B.

Wortvorschlag: Restalkohollegasthenie

Antwort der Dudenredaktion:

Sehr geehrter Herr W.,

herzlichen Dank für Ihren Vorschlag, Restalkohollegasthenie im Duden aufzunehmen!

Wir haben ihn inzwischen sorgfältig geprüft, können das Wort aber (noch) nicht im Duden berücksichtigen.

Freundliche Grüße sendet Ihnen

Ihre Dudenredaktion

Herr Pascal W. antwortet

Ich hoffe, Ihr habt wenigstens gelacht.

reformunden

Herr Björn R. aus H.

Gerade wurde mir ein neues Wort offenbart. Und das durch Zufall. Weil ich mich verhört habe. Im Radio war die Rede von … bla Partei eins will dies, Partei zwei wills nicht (ich würde die Sache gern unpolitisch halten, deshalb erspar ich allen die Inhalte), Partei 2 wirft Partei 1 vor, den Bürger zu bevormunden …

Und hier das neue Wort: Reformunden – dem Bürger eine Reform aufzwingen, die er weder will noch braucht.

Ich bin dafür, das sofort in den Duden aufzunehmen.

Sauhonig

Herr Kevin F. aus A.

Wortvorschlag: Sauhonig

Beschreibung: Eine hessische Spezialität. Frisches Schweineblut wird in einer Pfanne erhitzt, bis es gerinnt. Dieses Produkt streicht man sich dann auf ein Stück Brot und verzehrt dieses.

Kommentar der Dudenredaktion: Das Wort und auch die Sache sind außerhalb der Region kaum bekannt, deshalb wie ähnliche kulinarische Besonderheiten (z. B. die Südtiroler „Schneemilch" oder die ostfriesischen „Speckendicken") nicht in den Wörterbüchern zu finden.

Schmähkritik

Herr Jörg W. aus B.

Sehr geehrte Damen und Herren!

In dem **Duden Deutsches Universalwörterbuch** 6. Auflage habe ich vergeblich nach dem Wort **Schmähkritik** gesucht.

In einem Urteil des Landesgerichts M. wurde ich wegen **Schmähkritik** verurteilt.

Ist **Schmähkritik** eine Wortfindung des Juristendeutschs zur Verwirrung des Normalbürgers oder eine Neuschöpfung des Richters vom Landgericht M.?

Erklärt wurde mir dieses Wort nicht und als Beweis gegen meine Tatsachen-Information kann ich es nicht einstufen. In meinem gelben Infoblatt **Justizskandal** führe ich die schriftlichen Äußerungen der Behörden an, die meines Erachtes nicht der Rechtsnorm entsprechen, und habe meinem Anspruch den **GG Artikel 14** vorangestellt.

Bitte überprüfen Sie die Aufnahme des Wortes **Schmähkritik** in das deutsche Universalwörterbuch. Sehr interessiert bin ich an einer Erklärung der Wortbedeutung **Schmähkritik**.

Ich würde mich freuen, irgendwann von Ihnen eine Antwort zu erhalten.

Mit freundlichen Grüßen

Jörg W.

Anlagen als Information: Kopie Duden-Seite 1474/1475
Gelbes Infoblatt Justizskandal
Kopie Urteil Landgericht M.

Kommentar der Dudenredaktion: Unter „Schmähkritik“ verstehen die Juristen eine kritische Äußerung, die nicht die sachlichen Gegebenheiten, sondern die gezielte Diffamierung einer Person in den Vordergrund stellt. Damit liegt ein Verstoß gegen den Persönlichkeitsschutz vor.

Die juristische Fachsprache kennt eine Vielzahl von solchen Wörtern (wie zum Beispiel „Genaufrist“, „Nachtat“ oder „Unwertgehalt“), denen man im Alltagsleben sehr selten oder nie begegnet und die deshalb in allgemeinsprachlichen Wörterbüchern kaum berücksichtigt werden. Bemerkenswert ist, dass es den Juristen gelingt, fast ohne Verwendung von Fremdwörtern eine große Anzahl für Laien völlig unverständlicher Texte zu formulieren.

Schnellllloyd

Herr Arno W. aus N.

Sehr geehrte Damen und Herren,

nachdem die Neuregelung der Rechtschreibung auch drei gleiche Konsonanten hintereinander vorsieht, wenn nach dem dritten Konsonanten ein Vokal folgt (Beispiel: schnelllebig), habe ich geknobelt, ob man ein (halbwegs) sinnvolles Wort mit 4 gleichen Konsonanten hintereinander konstruieren kann. Hier meine Lösung: Es gibt bekanntlich Schifffahrtsgesellschaften mit dem Namen Lloyd. Wenn es sich nun um eine ganz flinke Linie handelt , dann ist es halt ein SCHNELLLLOYD.

Heureka !

Mit freundlichen Grüßen Ihr

Arno W.

Antwort der Dudenredaktion:

Sehr geehrter Herr W.,

herzlichen Glückwunsch zur Entdeckung des Wortes SCHNELLLLOYD!

Wussten Sie übrigens schon, dass die Llaneros, die Bewohner einer baumarmen Hochgrassteppe in Südamerika, einen neu zugezogenen Menschen erst nach Jahrzehnten als vollwertiges Mitglied ihrer Gemeinschaft und damit als VOLLLLANERO anerkennen?

Freundliche Grüße aus der Dudenredaktion

schnieseln

Frau Gisela L. aus B.

Habe gestern aus Versehen vielleicht ein neues, sehr verständliches Wort erfunden. Mein Sohn rief an und meinte: „Es schneit." Und ich antwortete: „Bei uns hat es nur geschnieselt." Jeder, dem ich das erzählte, meinte nur, da kann man sich genau vorstellen, wie das war.

Kommentar der Dudenredaktion: Diese Zusammenziehung aus „schneien" und „nieseln" ist gelegentlich auch anderen Menschen schon in den Sinn gekommen; sie scheint bei einer bestimmten meteorologischen Gegebenheit recht naheliegend zu sein. Insgesamt wird das Wort jedoch noch zu spärlich verwendet.
Die Dudenredaktion beobachtet weiter.

Schnuckzeug

Herr Christoph F. aus A

Liebe Duden-Redaktion,

mit Schrecken habe ich vor einigen Tagen festgestellt, dass einige Wörter, die ich (ich komme aus Nordhessen und die Wörter sind vermutlich dialektal) tagtäglich benutze, überhaupt nicht im Duden stehen. Deshalb habe ich gleich mehrere Vorschläge:

Schnuck|zeug, das – Süßigkeiten
schnu|cken – naschen, Schnuckzeug essen
Schnu|cke|lust, die – Lust auf Schnuckzeug/Süßigkeiten

Ich bin mir sicher, dass diese Wörter häufiger und von einer größeren Anzahl von Sprechern benutzt werden als z. B. das (im Deutschen unnötige) Wort „Weekend".

Herzliche Grüße

Christoph F.

Schwachfug

Herr Lukas S. aus D.

Guten Tag,

ich hätte einen kleinen Vorschlag eines Wortes, welches mir seit langem im Duden fehlt. Es gibt die Wörter Unfug und Schwachsinn. Eine daraus resultierende Mischung in Form von Unsinn ist ebenfalls vorhanden. Doch die Mischung des Wortes in die andere Richtung ist bisher nicht im Duden vorhanden.

„Schwachfug"

In meinem Umfeld kenne ich kaum eine Person, die das Wort nicht verwendet und beim Googlen des Wortes hab es ebenfalls rege Suchergebnisse, die darauf schließen lassen, dass das Wort bereits in den Deutschen Sprachgebrauch übergegangen ist.

Deshalb beantrage ich hiermit die Aufnahme des Wortes Schwachfug in den Duden.

Ich hoffe, Sie können meinen Vorschlag umsetzen.

Mit freundlichen Grüßen

Lukas S.

Schwägermutter/-vater

Herr Jan M. aus B.

Wortvorschlag: Schwägermutter/-vater

Beschreibung: die Mutter bzw. der Vater meiner Schwägerin / meines Schwagers

sdunabsteigbar

Herr Florian H. aus K.

Lieber Duden,

aufgrund der Niederlage von Bissendorf II und des damit verbundenen sicheren Klassenerhalts vom Crefelder SC II beantrage ich hiermit offiziell, das Wort „sdunabsteigbar" einzudeutschen. Der Begriff ist eine Symbiose des Nachnamens Sdun (der Nachname des Kapitäns vom Crefelder SC II) und des Adjektivs unabsteigbar. Über eine baldige Aktualisierung des Dudens und der daraus resultierenden Aufnahme des Neologismus würde ich mich freuen.

Freundliche Grüße

ein Germanist

Sprachpantomime

Herr Bruno Z. aus H.

PANTOMIME

Sehr geehrte Damen und Herren,

ich bin Erfinder der *Sprachpantomime.*

Der Begriff verbreitet sich.

Sollte er vielleicht in das Deutsche Wörterbuch aufgenommen werden?

Eine Überlegung.

Mit freundlichen Grüßen

Staben

Herr Stefan K. aus E.

Zur Vereinfachung der deutschen Sprache bitte ich um Änderung des Wortes „Buchstaben“ in einfach nur „Staben“, da die wenigsten heutzutage geschriebenen Staben in Büchern vorkommen.
Vielen Dank ☺

sulidär

Herr Florian S. aus S.

Sehr geehrte Damen und Herren,

mit großer Freude nehme ich immer wieder gerne Ihr Fremdwörterbuch zur Hand, wenn ich wieder einmal guten Rat brauche. Ob ich nun lese oder selbst schreibe, der DUDEN ist immer dabei.

Nun habe ich einen Vorschlag für ein Fremdwort zu machen, das ich verhältnismäßig oft benutze, welches aber (noch) keinen Eingang in Ihr Fremdwörterbuch gefunden zu haben scheint. Es ist das Adjektiv „sulidär“, welches ich immer dann heranziehe, wenn ich etwas beschreiben möchte, das mir unbeholfen, plump oder tollpatschig erscheint.

Das Wort ist zurückzuführen auf den biologischen Terminus „Sulidae“, der die Familie der Tölpel umschreibt. Tölpel sind vorwiegend schwarz-weiß gefärbte, bis zu einem Meter lange Meeresvögel, die, hervorragend an das Leben am Wasser angepasst, bei der Fortbewegung an Land einen sehr unbeholfenen – eben sulidären – Eindruck hinterlassen.

Bitte prüfen Sie, ob das Wort „sulidär“ in Ihr nächstes Fremdwörterbuch Aufnahme findet. Ihrer geschätzten Antwort sehe ich mit großem Interesse entgegen.

Mit freundlichen Grüßen

Florian S.

Tellerrandbestauner

Herr Felix W. aus K.

Wortvorschlag: Tellerrandbestauner

Beschreibung: jemand, der nicht über den Tellerrand hinausschauen kann/will

Teuerflieger

Geschichten aus der Dudenredaktion

Immer wieder weisen Sprachbenutzer darauf hin, dass es zu bestimmten Wörtern kein Antonym, also kein Gegensatzwort gibt, und ihre Wortneuschöpfungen zur Aufnahme in den Duden empfehlen. In der Tat gibt es in unserer Sprache eine Fülle von Gegensatzpaaren (groß/klein, dick/dünn, über/unter usw.), aber ebenso findet sich des Öfteren – gerade bei zusammengesetzten Wörtern – eine sogenannte semantische Lücke, d. h., es gibt kein Gegenwort. Man kann mit einem „Billigflieger" in den Urlaub fliegen, aber einen „Teuerflieger" gibt es nicht. Wir kennen z. B. „Kleinkinder", aber keine „Großkinder". Es gibt das Gegensatzpaar „über-, unterschätzen", jedoch zu den Verben „überraschen, übertreffen" gibt es nicht die Gegenwörter „unterraschen, untertreffen".

T

tiss

Klara M. aus M.

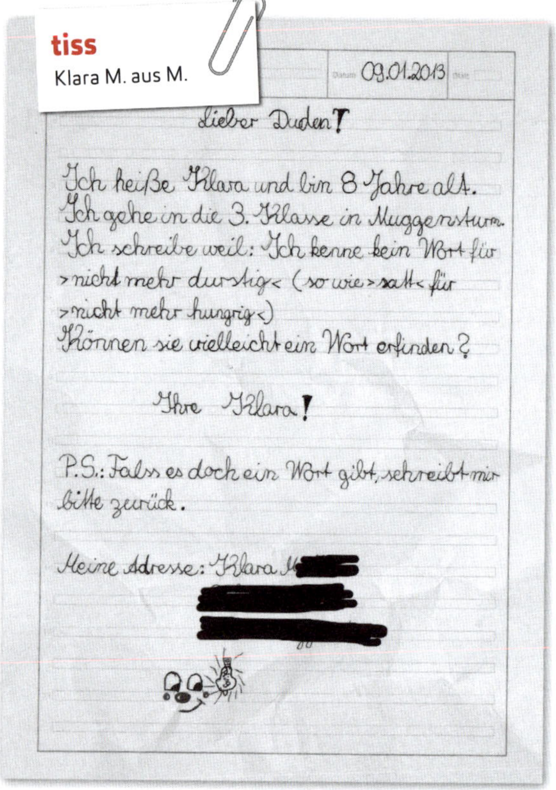

Datum 09.01.2013

Lieber Duden!

Ich heiße Klara und bin 8 Jahre alt.
Ich gehe in die 3. Klasse in Muggensturm.
Ich schreibe weil: Ich kenne kein Wort für
>nicht mehr durstig< (so wie >satt< für
>nicht mehr hungrig<)
Können sie vielleicht ein Wort erfinden?

Ihre Klara!

P.S.: Falls es doch ein Wort gibt, schreibt mir
bitte zurück.

Meine Adresse: Klara [redacted]

Kommentar der Dudenredaktion: Es ist schon auffällig, dass es das Gegensatzpaar „hungrig – satt" gibt, aber andererseits kein Gegenwort zu „durstig".
Will man einen entsprechenden körperlichen Zustand beschreiben, kann man nur sagen: „Ich habe genug getrunken". Bereits zu Anfang der 1930er-Jahre hatte

tiss
Herr Frank T. aus W.

Wortvorschlag: tiss

Beschreibung: Das Wort beschreibt den Zustand, den man erreicht, wenn man genug getrunken hat.

hungrig – satt   durstig – tiss

deshalb der Drehbuchautor Otto Eis (1903–1952) die Fantasiebildung „storp" vorgeschlagen, dem Schriftsteller, Karikaturisten und Maler Robert Gernhardt fiel in den 60er- oder 70er-Jahren dafür die Bildung „schmöll" ein. Da dieses Problem auch die PR-Abteilung des Dudenverlags bewegte, schrieb sie im Jahr 1999 einen Wettbewerb aus und ermunterte die Sprachbenutzer, hier wortschöpferisch kreativ zu werden. Unter etwa 50 000 Wortbildungen war es dann die Bildung „sitt", die von der Mehrzahl der Einsender vorgeschlagen wurde (vermutlich in Analogie zu „satt"). Weitere erwähnenswerte Neubildungen waren „nimedu" (für „nicht mehr durstig") oder „dulo" für „durstlos", ebenso die Umdeutungen „gewässert", „gelöscht" und „abgefüllt". Wie wenig „sitt" die Sprachrealität berührt hat, sieht man aber daran, dass es auf dem Weg in die Wörterbücher „verdurstet" zu sein scheint.

U

unterwältigt
Herr Karl E. aus S.

Sehr geehrte Damen und Herren,

es ist Wochenende, das Damentennisfinale krieg ich auf meinem Fernseher nicht rein und so super ist das Wetter jetzt auch wieder nicht, dass ich unbedingt raus muss. Da mach ich es mir eben vor dem Computer bequem und sehe zu, ob ich mir die Handvoll Wörter aus der Nase ziehen kann, von denen ich mir einmal gedacht habe, sie seien einführungswürdig in die deutsche Sprache. Im Moment ist mein Kopf noch ganz leer, aber der Tag ist noch lang und ich werde mich schon noch erinnern.

Rückseite →

Kommentar der Dudenredaktion: Und so wurde denn auch von einem Sprachbenutzer festgestellt, dass es zwar das Adjektiv „überwältigt" gibt, ein Antonym aber fehlt, das Englische mit underwhelm(ed) „nicht [gerade] überwältigt" dem Deutschen hier in der Tat einen Schritt voraus ist. Analog wird die Neuschöpfung „unterwältigt" zur Aufnahme vorgeschlagen. Allerdings ist anzumerken, dass es sich hier im Englischen um eine

Hier also die Liste:

Unterwältigt: Im Englischen gibt es dieses Wort, das ich auf Deutsch ungefähr mit enttäuscht übersetzen würde. Es ist aber nicht dasselbe. Während mit enttäuscht ein trauriger Ton des Verlierens einhergeht, sind es meiner Meinung nach bei Unterwältigung Coolness und Selbstbewusstsein, die dieses Wort führen. Etwas, das uns die Engländer nicht länger voraushaben sollten.

Na ja, ich habe mich zwar doch recht schnell erinnert, aber mehr ist mir dann auch nicht eingefallen und so ist es eine Liste mit nur einem Punkt geworden.

Mit Spannung auf Ihre Reaktion wartend,

Karl E.

moderne scherzhafte Neubildung handelt. Während overwhelm(ed) schon seit dem 16. Jahrhundert im Englischen gebraucht wird, ist underwhelm(ed) erst seit den 1950er-Jahren in englischen Wörterbüchern verzeichnet, hat sich aber im Sprachgebrauch durchgesetzt. Hätte sein deutsches Pendant „unterwältigt" bei den Sprachbenutzern und vor allem bei den gestrengen Dudenredakteuren eine Chance?

untige

Herr Dr. Reinhold S. aus T.

Sehr geehrte Damen und Herrn,

in den Zeiten der E-Mails werden oft E-Mails mit neuem, zusätzlichem Text zurückgeschickt bzw. an andere Personen weitergeleitet. Dazu ist eine Referenz zum sich unterhalb des im Moment zu schreibenden Textes nötig.

Dabei fiel mir auf, dass im Deutschen das Wort „untige“ fehlt. Dieses Wort wäre das Gegenteil zu „obige“. „Obige“ fand ich wie erwartet in meinen Papierversion-Duden verschiedenen Alters und auch in der Onlineversion. „Untige“ fand ich wie erwartet nicht, weder in den Papierduden noch in der Onlineversion.

Mir scheint, dass hier ein Wort in der deutschen Sprache fehlt, das man bis zu Zeiten der E-Mail eigentlich nicht gebraucht hat, denn man schreibt von oben nach unten und kann sich somit nur auf etwas beziehen, was schon vorher geschrieben wurde. In einer E-Mail schreibt man oft oben etwas und braucht dazu die Referenz nach untern. Z. B.: „Wie in untiger E-Mail erklärt …“

Ich möchte Sie hiermit bitten/anregen, das Wort „untige“ als Vorschlag zur Neuaufnahme in den Duden, der der Standard der deutschen Sprache ist, mit aufzunehmen.

Über eine kurze Rückantwort würde ich mich sehr freuen.

Beste Grüße,

Reinhold S.

vielvielmals
Geschichten aus der Dudenredaktion

Eine Kundin aus der Schweiz möchte wissen, wie sie das Wort „vielvielmals" zu schreiben hat, sie neigt zur Schreibung in einem Wort, ist aber unsicher, ob nicht möglicherweise die Variante „viel, vielmals" oder „viel-, vielmals" korrekt wäre. Die Auskunft, dass dieses Wort – das offenbar in der Schweizer Umgangssprache recht häufig verwendet wird – letztlich in keiner Variante korrekt wäre, da es offiziell gar nicht existiert, verblüfft sie sehr, sie möchte wissen, ob eine Aufnahme in den Duden nicht doch in absehbarer Zeit möglich wäre.
In der Umgangssprache sind in der Tat Verdoppelungen, die der Verstärkung und Betonung dienen, nicht selten, so etwa „wunderwunderschön" oder „riesenriesengroß". Da es sich aber letztlich in solchen Fällen um eine eher eigenmächtige Schöpfung des Sprechenden und eine Variante des Grundwortes handelt, sucht man sie in Nachschlagewerken vergebens. Auch das schöne Wörtchen „vielvielmals" der Schweizer wird den Sprung in den Duden darum wohl nicht schaffen.

Vaginalfachverkäuferin

Herr Joshua L. aus B.

Liebes Duden-Team,

hiermit möchte ich Sie in aller Form auf ein entscheidendes Defizit in Ihrem Werk hinweisen. Ich fühle mich in meiner Handlungsfähigkeit erheblich beeinträchtigt durch Ihre diskriminierende Wortschöpfung "Hure" bzw. "Prostituierte". Ich schlage für die Lösung dieser Situation vor, das Wort Vaginalfachverkäuferin endlich in den Duden aufzunehmen.

Bei dieser Gelegenheit bietet es sich an, auch endlich eine weitere Diskriminierung aus der Welt zu schaffen und den Begriff des Phallusfachverkäufers einzuführen.

Liebe Grüße

whats appen

Herr Dustin B. aus W.

Wortvorschlag: whats appen

Beschreibung: In der heutigen Zeit nutzt jeder das Programm WhatsApp zum Versenden von Kurznachrichten über das Mobilfunkgerät. Es gibt kein Wort, welches diese Tätigkeit beschreibt.

whats appen = Kurznachrichten über das Handy versenden

siehe → appsen

Wi(e)derkehr

Herr Normann H. aus S.

Hallo,

ich vermisse bei Ihnen das Wort: der/die WI(E?)DERKEHR, zumal ich gerade in einem(r?) solchen sitze.

Wollen Sie den Architekten nicht mehr orthografische Ordnung beibringen?

http://www.bau.net/forum/dach.htm

Ade, Normann H.

Kommentar der Dudenredaktion: Die besondere Art des Dachaufbaus oder Gebäudeanbaus, bei der zwei Dachfirste im rechten Winkel zueinander stehen, hat nach dem Laienverständnis der Dudenredaktion wohl eher etwas mit „wider" im Sinne von „gegen" als mit „wieder" im Sinne von „nochmals" oder „zurück" zu tun. Demnach wäre korrekt „Widerkehr" zu schreiben.
Man findet in der Fachliteratur aber auch sehr häufig die Schreibung mit „ie". Für eine ziemlich deutliche Mehrheit scheint „die Widerkehr" und nicht „der Widerkehr" das richtige grammatische Geschlecht wiederzugeben. Letztlich sind aber die Architekten innerhalb ihrer Fachsprache weitgehend selbst verantwortlich für ihre orthografischen und sonstigen sprachlichen Gepflogenheiten.

Zerklautern

Herr Dominik Z. aus K.

Wortvorschlag: Zerklautern, das

Beschreibung: ich zerklautere, du zerklauterst, er zerklautert, sie zerklautert, es zerklautert, sie zerklautern, ihr zerklautert, wir zerklautern

Zerklautern ist die Steigerung von Zerstörung und bedeutet, dass das Objekt, welches zerklautert wurde, nicht mehr existent ist. Es geht weit über Zerstörung hinaus und gibt an, das der zuvor noch existente Gegenstand so sehr zerstört wurde, dass nichts mehr davon übrig ist außer der Gedanke daran. Es beschreibt die Zerstörung, Zerstörung in seine Bestandteile und darüber hinaus.

Außerdem wird es im umgangssprachlichen Gebrauch dafür verwendet, z. B. in einem Battle (Sport, Spiel, Wettkampf) auszudrücken, dass man seinen Gegner chancenlos besiegen wird: „Ich zerklautere dich so sehr, du hast keine Chance.“

Z

zisseln
Herr Kevin F. aus A.

Wortvorschlag: zisseln

Beschreibung: Jemanden zisseln bedeutet so viel wie jemanden rütteln, wach machen, rügen, körperlich berühren und schütteln. Es wird oft im Zusammenhang mit der Erziehung von Kindern benutzt. Wenn diese nicht gehorsam sein sollten, droht ihnen, gezisselt zu werden.